JUGUEMOS
Gimnasia

Aaron Carr

SPANISH & ENGLISH eBOOKS
AV²
BY WEIGL™
ADDED VALUE • AUDIO VISUAL

Visita nuestro sitio **www.av2books.com** e ingresa el código único del libro.
Go to www.av2books.com, and enter this book's unique code.

CÓDIGO DEL LIBRO
BOOK CODE

E 4 7 8 8 4 6

AV² de Weigl te ofrece enriquecidos libros electrónicos que favorecen el aprendizaje activo. AV² by Weigl brings you media enhanced books that support active learning.

El enriquecido libro electrónico AV² te ofrece una experiencia bilingüe completa entre el inglés y el español para aprender el vocabulario de los dos idiomas.

This AV² media enhanced book gives you a fully bilingual experience between English and Spanish to learn the vocabulary of both languages.

Spanish

English

Navegación bilingüe AV²
AV² Bilingual Navigation

CHANGE LANGUAGE / ENGLISH SPANISH
OPCIÓN DE IDIOMA
LANGUAGE TOGGLE

CAMBIAR LA PÁGINA
PAGE TURNING

CERRAR
CLOSE

INICIO
HOME

VISTA PRELIMINAR
PAGE PREVIEW

JUGUEMOS Gimnasia

CONTENIDO

2 Libro de código AV²

4 ¿Qué es la gimnasia?

6 Lo que debo ponerme

8 Lo que necesito

10 Dónde juego

12 Calentamiento

14 Gimnasia artística

16 Gimnasia rítmica

18 Parte del equipo

20 Me encanta la gimnasia

22 Datos sobre gimnasia

24 Palabras clave

Me encanta la gimnasia.
Hoy voy a hacer gimnasia.

4

Datos sobre gimnasia

La gimnasia es uno de los deportes más antiguos del mundo.

5

Uso ropa especial para hacer gimnasia. Uso un leotardo de una sola pieza.

6

Listo para ejercitar

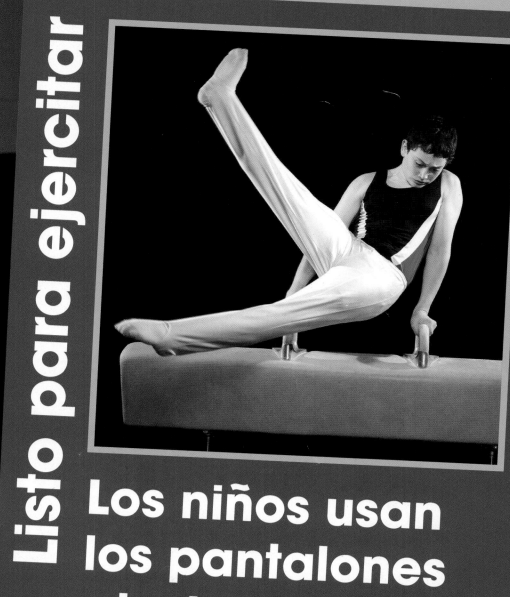

Los niños usan
los pantalones
ajustados
o cortos.

7

Uso tiza para mantener mis manos secas. La tiza en mis manos evita que me resbale.

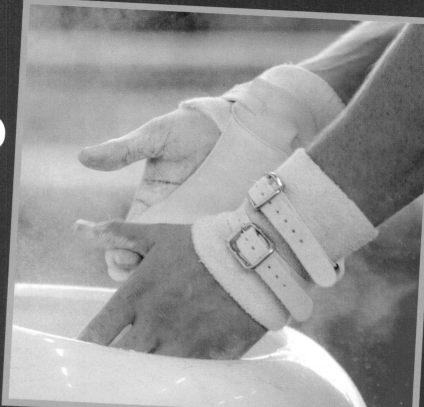

Agarre

Algunos gimnastas usan empuñaduras en sus manos.

9

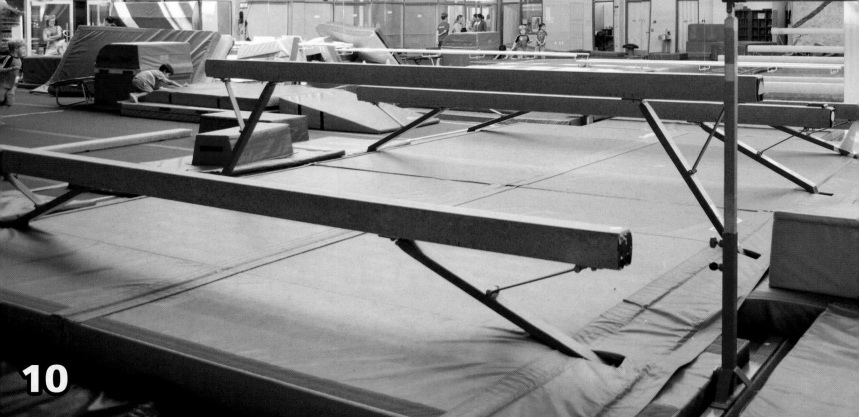

Voy a un gimnasio para tomar clases de gimnasia. El gimnasio tiene un área para cada disciplina de gimnasia.

Aterrizaje suave

Los gimnasios tienen un pozo de espuma.

Comienzo estirando y precalentando mis músculos. Esto me ayuda a estar listo para hacer gimnasia.

Estiramientos

Los gimnastas deben ser muy flexibles.

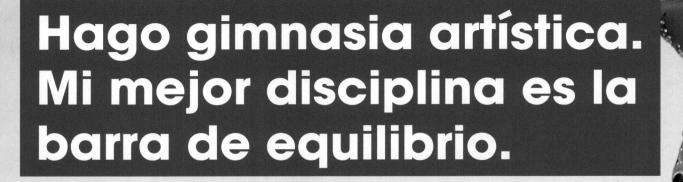

Hago gimnasia artística. Mi mejor disciplina es la barra de equilibrio.

Disciplinas emocionantes

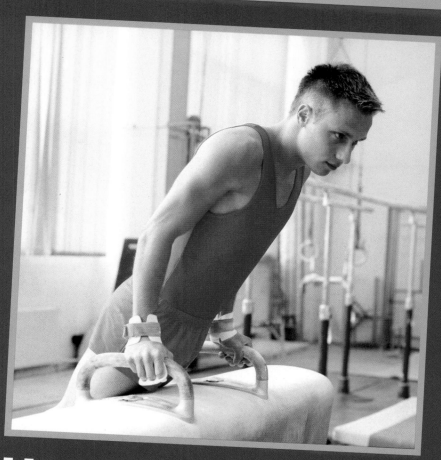

Hay cuatro disciplinas para niñas y seis para niños.

Mi hermana hace gimnasia rítmica. Hace saltos y trucos con un aro.

Moverse al ritmo de la música

Solamente las niñas hacen gimnasia rítmica.

Soy parte de un equipo de gimnasia. Cada persona en el equipo realiza diferentes disciplinas.

Medallas de metal

Las medallas están hechas de oro, plata y bronce.

Me encanta la gimnasia.

20

DATOS SOBRE LA GIMNASIA

Estas páginas proporcionan más detalles acerca de los datos interesantes que se encuentran en el libro. Están destinadas a ser utilizadas por los adultos como soporte de aprendizaje para ayudar a los jóvenes lectores a completar su conocimiento de cada deporte de la serie *Juguemos*.

Páginas 4–5

¿Qué es la gimnasia? El deporte moderno de la gimnasia se originó en la antigua Grecia. De hecho, la palabra gimnasia proviene de la palabra griega "ejercicio". Los ejercicios que se hicieron populares en los gimnasios griegos antiguos se convirtieron más tarde en las disciplinas gimnásticas de los primeros Juegos Olímpicos. Estos deportes se desarrollaron durante los próximos 2.000 años. Hoy en día, las únicas disciplinas de gimnasia que se asemejan a las originales son las acrobacias y los saltos.

Páginas 6–7

Lo que debo ponerme Los gimnastas usan prendas muy ajustadas que permiten una gama completa de movimientos. Las niñas suelen llevar un leotardo, que puede ser sin mangas o con mangas cortas. Los hombres usan un leotardo y pantalones ajustados para la mayoría de las disciplinas. Estos pantalones ajustados afinan las piernas y tienen una correa que se coloca debajo de cada pie. Los hombres usan pantalones cortos para disciplinas de saltos y de piso. La mayoría de los gimnastas no llevan nada en sus pies. Sin embargo, a veces se usan zapatillas especiales de gimnasia o punteras.

Páginas 8–9

Lo que necesito Uno de los elementos más importantes que los gimnastas utilizan es la tiza. Los gimnastas usan tiza en sus manos, piernas y pies. Esto absorbe el sudor para mantener la piel seca. La tiza ayuda a los gimnastas a mantener un agarre fuerte. Sin tiza, columpiarse en las barras, colgarse de los anillos, y balancearse en las barras de equilibrio sería aún más difícil y peligroso. La tiza utilizada en la gimnasia es generalmente en forma de polvo, aunque también puede ser un bloque sólido o un líquido. La tiza líquida se convierte en polvo cuando se aplica sobre la piel.

Páginas 10–11

Dónde juego Las personas tienen que ir a gimnasios especiales para hacer gimnasia. Estos gimnasios pueden estar diseñados para gimnasia o pueden ser los gimnasios tradicionales con equipos de gimnasia en su lugar. De cualquier manera, un gimnasio normalmente se conforma en zonas separadas para cada aparato. Muchos gimnasios también tienen un gran agujero en el suelo que está lleno de bloques de espuma. Esto permite que los gimnastas practiquen nuevos movimientos, sin temor a sufrir lesiones. La mayoría de los clubes de gimnasia ofrecen clases para niños y niñas de todas las edades, con clases separadas para entrenamiento recreativo y competitivo.

Páginas 12–13

Calentamiento El estiramiento es una parte importante del entrenamiento de gimnasia porque ayuda a aflojar y elongar los músculos, lo que mejora el rango de movimiento. Una buena rutina de calentamiento ayuda a aumentar la flexibilidad y reducir el riesgo de lesiones. Se debe empezar lento y con ejercicios fáciles, aumentando la intensidad gradualmente. Los gimnastas pueden comenzar con una caminata o trote, luego pasar a realizar estiramientos enfocados en todos los principales grupos musculares. Los estiramientos deberían comenzar con algo sencillo, como hacer círculos con los brazos, y luego pasar a ejercicios más avanzados, incluyendo la apertura de piernas o *split*.

Páginas 14–15

Gimnasia artística Lo que la mayoría de las personas entiende como gimnasia es en realidad una forma del deporte llamada gimnasia artística. En la gimnasia artística, las niñas compiten en cuatro disciplinas: barras de equilibrio, barras asimétricas, caídas y ejercicios de rutina. Los niños compiten en seis disciplinas: barras paralelas, barras fija, anillos, caballo con aros, caídas y ejercicios de rutina. En cada caso, los gimnastas realizan rutinas complejas formadas por muchos movimientos que requieren habilidad, fuerza y flexibilidad. Ellos ganan un punto en su rutina en función de su dificultad y el estilo y la precisión con la que llevan a cabo los movimientos.

Páginas 16–17

Gimnasia rítmica La gimnasia rítmica es otra de las formas principales de este deporte. Este tipo de gimnasia mezcla elementos de los ejercicios de gimnasia, ballet y trabajo de equipo. Los gimnastas realizan cuatro rutinas diferentes en un tapete de 42,7 por 42,7 pies (13 por 13 metros). Cada uno cuenta con música de rutina y se usan equipos diferentes: una pelota, un aro, una cinta, una cuerda o palos. Los gimnastas ganan puntos por los méritos artísticos y dificultad de sus rutinas. La ejecución es también parte de su puntuación, restándose puntos por cualquier error que el gimnasta cometa.

Páginas 18–19

Parte del equipo Además de las disciplinas individuales, los gimnastas compiten en equipo. Por lo general hay seis miembros en un mismo equipo, aunque esto puede variar de una competición a otra. Por lo general, sólo un número determinado de gimnastas compiten en cada disciplina. En las Olimpíadas finales de gimnasia artística, cada equipo asigna tres miembros para competir en cada disciplina. Algunos miembros pueden competir en una o dos disciplinas, mientras que otros pueden competir en todas. La puntuación de cada miembro se suma para determinar el puntaje del equipo. El equipo con la puntuación más alta, gana.

Páginas 20–21

Me encanta la gimnasia La gimnasia es un deporte de mucha energía y es físicamente exigente. La participación en la gimnasia mejora la fuerza, velocidad, agilidad, flexibilidad y la conciencia física. Asimismo, promueve la condición física y la salud cardiovascular. Con el fin de tener la fuerza y energía necesarias para la gimnasia, es importante contar con una dieta equilibrada. Frutas, verduras, granos y proteínas le brindan al cuerpo la energía necesaria para desenvolverse mejor.

¡Visita www.av2books.com para disfrutar de tu libro interactivo de inglés y español!

Check out www.av2books.com for your interactive English and Spanish ebook!

1 **Entra en www.av2books.com**
Go to www.av2books.com

2 **Ingresa tu código**
Enter book code

E 4 7 8 8 4 6

3 **¡Alimenta tu imaginación en línea!**
Fuel your imagination online!

www.av2books.com

Published by AV² by Weigl
350 5th Avenue, 59th Floor New York, NY 10118
Website: www.av2books.com   www.weigl.com

Library of Congress Control Number: 2014933107

ISBN 978-1-4896-2150-4 (hardcover)
ISBN 978-1-4896-2151-1 (single-user eBook)
ISBN 978-1-4896-2152-8 (multi-user eBook)

Printed in the United States of America in North Mankato, Minnesota
1 2 3 4 5 6 7 8 9 0 18 17 16 15 14

032014
WEP280314

Project Coordinator: Jared Siemens
Spanish Editor: Translation Cloud LLC
Designer: Mandy Christiansen

Every reasonable effort has been made to trace ownership and to obtain permission to reprint copyright material. The publishers would be pleased to have any errors or omissions brought to their attention so that they may be corrected in subsequent printings.

Weigl acknowledges Getty Images as the primary image supplier for this title.